지
지
않
는

꽃

시인·화가 김도연 시집

지지 않는 꽃

南붓 김도연 지음
Doyeom Kim

시인의 글

화가이지만 늘 시를 쓰고
마음을 가다듬고 서예를 하며
합창단에서 즐겁게 노래를 하고
운동 삼아 춤을 추다 보니 시·서·화·가·무가
생활처럼 되었지만
화가라는 이유로 늘 작품 속에 묻혀
시집 출간은 거의 생각도 못 하고 지내왔다.
시를 읽고 쓰는 게 즐거웠고
그것만으로도 행복하므로
써 놓은 글은 많았지만 퇴고를 하지 못해
이제야 2, 3집을 내는 실정이다.
그동안 코로나로 인하여 힘든 일도 많았지만
미술 전시회를 비롯 많은 행사가 취소되니
시에 더욱 전념하게 되었고
부모님의 소천은 나를 송두리째 침몰시켰지만
마음 깊은 곳으로부터의 슬픔을
시로 승화시킬 수 있는 계기로 만들어 주었고
시는 날개를 달아 노래가 되었다.
나의 모든 예술 활동이 내가 한 것이 아니요
그분께서 재능을 주셨으니
침묵 속에서 그분을 바라보며

들려주시는 말씀에 귀 기울여
자신의 생각을 비우고
오로지 그분의 뜻에 따라
부족한 저를 도구로 삼아
성령께서 역사하시는 은총에 감사드리며
끊임없이 나를 비워내어
새로운 그분의 힘으로
채워주시는 은총에
다시 시작하는 힘이 되어
하느님의 영광을 위하여
오늘도 나를 태워서
기도하고 노력하는 예인이고 싶습니다.
딸에게 예술의 혼을 물려 주고 가신
사랑하는 어머니께 이 시집을 바칩니다.
항상 저를 응원하고 사랑해 주는 딸들과
저의 주변에서 늘 저에게 사랑과 격려
아끼지 않는 모든 분들께
사랑과 축복 가득 담아 감사를 드립니다.

                    2022년 아름다운 오월에
                    관악산 밑에서 김도연

| 차 례 |

시인의 글

1부 나의 노래

시간 15
서울 연가 16
인연 17
하나 되어 18
만년 소녀 19
지나고 보니 23
갈색 추억 24
계절의 아픔 25
희망을 향하여 26
나의 노래 27
친구야 28
상처 29
차를 마시며 30
슬픈 물고기 31
지지 않는 꽃 32
미세먼지 34

2부 어느 봄날

- 37 너
- 38 하늘 가신 아버지
- 40 비목
- 41 목련
- 42 자락 길에서
- 43 바람의 일상
- 44 조팝나무
- 45 어느 봄날
- 46 그해 오월
- 48 가을비 내린 후
- 49 쇠소깍
- 50 섶섬의 노을
- 51 괜찮아
- 52 내 안의 꽃
- 53 천국의 친구에게

3부 바다로 간 그대들이여

인연이 아니라서 57
침묵 안에서 58
새벽은 밝으리니 59
바다로 간 그대들이여 60
정월 대보름날 62
통일을 기다리며 63
서귀포를 사랑한 이중섭 64
채송화 65
찻잔을 기울이며 66
인생이란 67
외로움 속에서 69
나의 백서 70
남과 북 72
이 생에 다하도록 73
행복 74

4부 새벽을 깨우리라

- 77 생각
- 79 아이의 미소
- 80 명절을 앞두고
- 81 새벽을 깨우리라
- 82 그리하여도
- 84 좋은 만남
- 86 요즘 세상
- 87 해후
- 88 지하철에서
- 90 아름다워라
- 91 창덕궁에서
- 93 그리고 경주에서
- 94 흩어진 약속
- 95 12월의 노래
- 96 미로의 삶

5부 여백의 하루

인생의 반나절 99
아버지의 그날 100
설날의 추억 102
고궁에서 104
비 내리는 날 105
생의 이면 106
여백의 하루 107
이별의 아픔 108
추락의 순간 109
또 다른 이별 110
설련화 111
혼자가 아닌 나 112

6부 안녕을 물으며

- 115 너는 누구니
- 116 그날의 고향
- 117 목련의 계절
- 118 오월의 당신
- 119 나의 안식처
- 120 봄날의 선운사
- 122 봄날은 간다
- 123 너는 목련
- 124 안녕을 물으며
- 125 민들레
- 126 뜨개질

1부

나의 노래

당신의
무엇이
되기 위해
넘어졌다 일어선다

시간

쌓여서

내가 되었다

흘러가는 것이 아니라

고통 슬픔 설움

쌓여서

커다란 산이 된다

서울 연가

싱그런 바람결에
돌고 도는 남산 길
두 마음 하나 되어
하염없이 걸어가네

강변에 여울진 노을빛 사랑
그대 향한 설렘으로
꽃피우는 거리마다 행복하여라

자락길 산책로마다
이름 모를 야생화
우리를 반겨 주네

산 너머 무지개 꿈
그대와 함께 노래하리라

인연

스쳐 가는 것이 아니라
스며드는 사이였어

우린 하늘 가는 날까지
함께 할 운명이었어

잊었다고 쉽게 말하지 마라
눈물 털고 일어날 용기가 있어

바다가 알고
하늘이 알고 있음은 은총이야

예전엔 몰랐기에 얽히고 설켰지만
사랑으로 실타래 풀면 되는 거야

하나 되어

끝까지 가고 말리라
노력한 수고 헛됨이 없도록
가던 길 포기하지 않으리라

잘됨을 기뻐해 주고
수고했다 응원해주는 벗들아
힘들 때 용기를 주어 고맙다

세찬 바람이 아무리 나를 흔들어도
뿌리내린 우리의 우정
지구 밖이라도 함께 가리라

만년 소녀

카키색 자켓에 미색 머플러
검정 모자 단아하게 우아한 모습
누가 팔순이라 짐작이라도 하겠는가

넷이나 되는 동생들 새 옷을 지어 주고
시집을 갔다는 나의 엄마
솜씨 좋은 당신 닮아 화가가 되었을까

미인박명이라고 아버지와의 결혼을
반대하셨던 할아버지
결국 생이별하고 산 30여 년의 세월
주님 은총 안에서 다시 만난 기적

필체 좋은 글씨로 또박또박 써 붙여놓고
영어단어 외우는 모습 중학생의 소녀같아라

평생을 배우고 익히려 노력하는
그 모습 어찌 나도 꼭 닮았는지
글씨체도 비슷한 것이 신기할 정도다

말투와 목소리도 소녀 같으니
나이를 물어보면 일급 시크릿이라며
미소로 대답하시던 어머니의 그 모습

항상 얇은 장갑을 끼셔서
딸의 손보다 더 곱던 엄마의 손
슬기롭고 지혜롭기로 부러움을 사더니
병석에 누워계시니 뼈마디만 앙상하고
아름답던 그 모습 사라져버렸어

여행 한번 못 가보고
이제나 저제나 딸자식만 기다리시는
가엾은 엄마
'불쌍한 너를 두고 어찌 가냐'고
눈가에 물을 적시던 모정의 시간들

부디 건강만 하시라고
이것저것 사다 드려도
드시는 건 한 두 가지
어느 날 갑자기 엄니는
그 많던 옷들 다 나눠줘

텅빈 장롱을 보고 놀라는 내게
'이제 다 입기도 싫어졌다'고
가느다란 소리로 말씀하셨다
딸랑 겨울옷 한 벌 여름옷 한 벌
두 벌만 남기고 없앴냐고 했더니
'이제 봄이 싫어졌다'
'저 옷도 언제 입을지 모르겠다'고 하시며
한 번도 안 입은 나도 못 입어보는
고가의 외투조차 주고 없었다

이제 하늘나라로 가시려는 준비를
하시는 것만 같아
슬픔을 꾹꾹 누르며 눈물 대신
비싼 옷 남 줘서 화가 난다고 했더니
어쩔 줄 몰라 하시는 엄마
그 후에도 이쁜 옷을 보면
기쁜 맘으로 사다 드렸다

음식도 계속 한 가지만 드시다가
어느 날 다른 음식으로 바뀌었다
한동안 닭고기 때로는 쇠고기

보리굴비, 돼지고기만 며칠씩
요즘은 오메기떡, 대봉감, 떡갈비
어제부터는 명태회 무침만 드신다
잇몸이 약해져 단단한 건 씹을 수 없으시다
치과에서도 더 이상 해줄 게 없으시단다

세상 떠나시고 나면
후회하지 않으려고 뭐든 해드려야겠다고
오늘도 어깨가 처지도록 무겁게 사 들고
맛나게 드실 생각하며
종종걸음으로 뵈러 가는 길
잘 드셔서 살이라도 붙으면 좋으련만
엄마와 여행 한번 다녀올 수 있다면
더 바랄 게 없을 텐데…

지나고 보니

소중한 인연이라며 붙잡아 본들
영원한 사랑이라고 매달려 본들
지나고 보니 바람 같은 것이라

행복은 순간이지만
고통의 세월은 길기만 하여
외롭고 슬펐지만
돌아보니 영원한 것이 없었어

봄이 오면 새싹을 틔우고
여름이면 무성한 잎새들
추운 겨울이 오면 옷을 벗는 나무들
우리 인생이 무엇이 다르랴

인연을 다한 것을
견딜 수 없어 괴로워하던 날
바람은 한곳에 머물지 않는 것을 알았어

사랑도 미련도 모두 버리고
바람과 구름이 흘러가는 대로
자연의 순리에 따라 살다 간들
한길뿐인 그곳뿐인 것을…

갈색 추억

못다 한 이야기 남긴 채
쓸쓸히 떨어져 누운 잎새들

그 속에 우리들의 이야기 묻어두고
얄궂은 바람으로 서걱이기도 하네

나뭇가지에 찬바람 맴돌아도
고요히 날아 앉는 새 한 마리

겨울바람으로 울다가
허공을 가로지르며 사라져 간다

계절의 아픔

바람처럼 왔다가
상처만 남기고 떠났지만
잡을 수 없는 것이 사람의 마음이더라

훗날 어디에선가 만나리라
그 믿음이 소망이 되어
헤어짐을 아파하지 않기로 했어

많고 많은 사람들이
온갖 유혹으로 다가와도
내 맘속엔 그대뿐이라

노을 속에 비치는
그리운 얼굴 가슴에 묻으며
그대의 행복을 빌어줄 거야

희망을 향하여

슬퍼하지 마
실패와 좌절도 과정일 뿐이야

완성을 바라보며 가는 길
넘어지고 깨어져도 포기란 없어

못 견딜 만큼 힘들어도
용기를 가지고 다시 일어서야지

아픔으로 눈물 준 사람들
주님의 사랑으로 용서해야지

세상을 몰라 받은 상처
나 자신을 격려하고 위로하며

주어진 모든 것들 사랑해야지
죽어가는 것들 불쌍히 여겨야지

미래를 향한 끊임없는 도전
잃어버린 꿈을 찾아 쉼 없는 삶을 위해…

나의 노래

내 안의 쉼표

내 하루의 높은음자리

내 한해의 도돌이표

내 삶의 칸타빌레

내 인생의 마침표

친구야

한 송이 수선화로 피어나
노오란 민들레를 만났지

향기가 달라도
바라보기만 해도 행복한 하루

시기와 미움을 모르는
햇살 가득한 우리의 사랑

같은 하늘 아래서
같이 별을 쳐다보면서

같은 방향으로
같은 삶을 꿈꾼다

상처

아프다
가슴이
심장이
터질 것만 같다

어느 누구에게 호소할까
무엇이 진실이고 허상인지

자신만을 위해
남을 짓밟는 이기적인 사람들
상대하고 아파할 가치조차 없는 파렴치

하느님께서는 아시리라
주님께서 해결해 주시리라
슬퍼하지 말며 분노하지 말자

이 모든 것 지나가리니
밝은 내일만 생각하자

차를 마시며

돛을 단 세월
끊임 없이 순항하였지

찻집에서 여유롭게
하루를 보내며
사철 푸르른 숲을 본다

변할 줄 모르는
사철 푸르른 숲을

세파에 짓눌려도
변할 줄 모르는 소나무
12월의 너를 보게 되었구나

슬픈 물고기

환상 속의 행복도
순간을 넘기고 나면 사라지는 것
사랑하는 일들이 그러하더라

아직은 추억을 잊지 못해
와인 한 잔에 눈물을 떨구며
멀어져 간 그날을 떠올리는
소중했던 그 시간들
속절없이 보내버리고

깨어진 어항에서
뛰쳐나온 물고기들처럼 헐떡이다가
메마른 땅바닥에서 나를 수습한다

지지 않는 꽃

언제나 느낍니다
어머니의 사랑으로
내가 있음을 압니다

어머니의 전부였던 나는
오로지 자식 생각만 하는
당신의 걱정과 아픔을 몰랐습니다

안아주고 업어 주던 따스한 손길
자신의 존재는 잊어버린
눈물겨운 어머니의 헌신은
철없는 나의 비상구였습니다

해 질 녘이면 내 이름 불러주던
어머니의 목소리가 오늘따라 그립습니다
그때는 부끄러워 하지 못한 말
어머니 사랑합니다

언제나 그 자리에 계신 줄만 알았는데
먼 길 돌아와 보니 당신은 간데없고
마음속에 피어난 어머니의 꽃

별이 되어 떠나간 후 어둠 속에 남아
많은 세월 지나는 동안 바람 소리조차
어머니의 전설이 됩니다

미세먼지

쫓아온다
끈질기다

나는 눈만 내놓고 도망간다
그래도 한사코 따라온다

오래전 뒤따라오던 스토커
그 남자처럼 경멸한다

2부

어느 봄날

잠에서 깨어나
언 땅 헤집고
세상으로 얼굴 내민 새싹들
사는 일이 전쟁

너

바쁜데도 외롭다
힘들 때는 더 더욱
슬플 때나 기쁠 때도
눈물나게 외로운 건
내 곁에 없는
너 때문이야

하늘나라로 가신 아버지

좋은 아침일수록 눈물이 난다
날이 갈수록 더해지는 삶의 무게
오늘이 지나면 내일은 괜찮을까
남들 앞에서는 웃지만
속으로 눈물을 삼키고 있다

천상 낙원에서 편히 쉬실 거라 믿고
열심히 사는 게 아버지 바라시는 일이라며
아프고 쓰린 가슴 달래며 견딘다

어머니가 편찮으셔서
오히려 돌아가실 것을 염려하고 있었는데
건강하신 줄만 알았던 아버지
예고도 없이 두 눈을 감으시다니

명절 전이라 지인들에게
아버지의 부고를 알리지도 못하고
멍하니 창밖만 바라보고 있었지

믿기지 않는 아버지의 소천
아직도 황당하고
받아들여지지가 않아
그리움에 가슴 적신다

훗날 또다시 만날 수 있기를
기도하는 시간마다
마르지 않는 눈물

비목

춥고 바람 불어도
잎과 꽃을 피웠건만

계절은 붉은 노래를 부르며
조금씩 세상과 이별 연습을 할 때
무모하게 언덕을 넘으며
꽃을 피우고자 한다

생이란 가야 할 때
떠나야만 하는 것을

목련

꽃샘바람 불어도
가지마다 봉긋봉긋
경이로운 꽃
피워낼 준비를 한다

기품 있는 너를 보며
웅크리고 있던 내 마음
한껏 부풀리며
시간의 정지가 필요치 않다

자락 길에서

낙엽이 우수수
한 계절이 떨어져 가네

늑골 사이로 드나드는 바람
형체도 보이지 않고
만질 수도 없는 의문 덩어리

잠 못 이루는 깊은 밤마다
귀를 세우고 바람 소리 듣는다

날마다 일어섰다 넘어지는 일상 중에
아무렇지 않은 듯 밤길을 걸으며
추억을 만들지 못한다

어둠 중에 있는 너를 보고도
느끼지 못하는 건
마음이 닫혀 있기 때문이다

바람의 일상

새들은
머물렀던 자리에
흔적을 남기지 않고

우리의
만남도 헤어짐도
시간이 지나면
서로의 이름을 부르지 않는다

나무와 꽃들은
침묵하고
바람은 지난 세월
다 잊으라 한다

조팝나무

초롱초롱 하얀 눈
방글방글 피워내는 미소
조롱조롱 모여서
정답게 살아가네

코로나로 얼룩진 세상
계절의 끝자락에서
걱정하지 않아도 되겠네
하얗게 군락을 이룬 모습
삶에 지친 내 마음
하얀 미소 짓게 하네

어느 봄날

꽃샘바람 몰아쳐도
한껏 몸을 부풀리는 새싹

어지럽고 불안한 이 시대
상관하지 않는 봄
몸을 키우며 의젓하게 뿌리 내린다

오고 갈 수 없는 영토에서도
푸르른 꿈을 포기하지 않고
스스로 길을 찾아가는 일상

해가 지고 뜨는 곳에서
꽃 하나 피우기 위해
웃고 울며 뿌리 내리는 생명줄

그해 오월

빛나는 계절에
우리들의 사랑도 거기까지여서
내 힘으로는 어림도 없던 그날

어머니가 하늘나라로
여행을 떠나시던 날
슬픈 내 맘 아는 듯 비가 내리고
스쳐 가는 생각 속에 마음을 잡지 못해
말없이 주저앉아 눈물만 흘리던 날

언젠가 호수 공원에서
도란도란 얘기 나누며
행복했던 시간들 꺼내어 보고픈데
한사코 사진 찍기를 싫어하시니
추억 한 장 남기지 못한 채 떠나신 어머니

몰래라도 다정한 모습
담아 두지 못한 내가 미워서
그저 혼자 설움에 겨워

눈을 감아도 보이는
다정한 미소
해마다 오월이면
그날로 되돌아가
그 자리에 있는데
어머니는 어찌 돌아올 수 없나요

가을비 내린 후

어제 내린 비에
세월도 함께 씻겨갔는지
마른 풀 하나 움직이지 않는다

푸른 저 하늘만큼
마음도 높아져
할 말이 많아진 오늘

들판에서 익어가는 오곡처럼
푸른 함성으로 나를 흔들어 깨운다

계절의 문턱에서
해맑게 웃는 잎새들
울긋불긋 산을 물들인다

쇠소깍

태곳적 검객이
나올 것만 같은 숨은 비경
못다 이룬 처녀 총각의
가슴 아린 사랑의 전설
해변가의 검은 모래는
타버린 처녀의 마음인가

해무 속에 가려진 기암절벽에
가련한 넋이 살고 있진 않은지
테우[1])에 몸을 싣고 마음껏 둘러보니
삶의 고뇌는 바람이 실어 간 듯하다

깊고 푸른 맑은 물
살아있는 생명의 숲
아낌없이 내어주는 자연의 선물
햇살에 젖은 몸 말린다

---

1) 테우. '뗏목(-木)'의 방언(제주)

섶섬의 노을

옥빛 하늘 드리운 바다에
갈매기 잦아들고
노오란 원추리꽃 함초롬히 반겨주는
섬에는 포물선을 그리는 배들이 분주하다

바람이 잔잔하여
윤슬 빛나는 구두미 포구
정박된 배들이 넘실거리고
검은 바위 뒤로 붉게 빛나는
화백 이중섭이 사랑한 노을
예술가의 손길 받아
명작으로 다시 태어나
뛰는 가슴 숨죽여 바라보게 하네

떠나야 함을 아는 듯
붉은 비단 바다 위에 펼쳐놓고
겸손하게 저물어가는 해님
수평선을 향해 축배의 잔을 올린다

괜찮아

너무 뛰어서 가지 마
조금 천천히 가도 돼

잘하려고 너무 애쓰지 마
때로는 실수해도 괜찮아

남보다 더 뛰어나려고
쉬지 않고 노력만 하다가
정점을 지나치지 마

날마다 열심히 살아준 너는
충분히 사랑받을 만해

젊음을 즐기며 행복해야 돼
시곗바늘처럼 공부만 하지 마

공부는 시험 볼 때만 필요한 거야
구름인 양 바람인 양 자유롭게 살아봐

내 안의 꽃

그대 마음
예전에 알았더라면
좀 더 귀 기울여 줄 것을

조금만
더 생각해 보았다면
좋아한다 말해줄 것인데

눈빛으로
그대 마음 알았다면
한 송이 장미꽃을 피웠을 텐데

천국의 친구에게

마음 터놓고
함께 울어주고 웃어주던
네가 있어 행복했어

서로 칭찬하고 격려해주며
가야 할 방향을 설정하며
기쁨도 시련도 함께 나누었지

세상사에 흔들리며 아플 때에도
잠잠히 끝나기를 기다리자고 했던
친구가 있어 감사했었지

서로를 웃게 하고 사랑하며
말없이 함께한 수많은 세월이
이렇게 짧은 순간일 줄이야

네가 남긴 작은 선물에도
너의 향기가 남아
늘 웃음 짓던 너를 생각하며
내 마음도 따라 미소 지었지

따뜻한 너의 말 한마디
오늘따라 그리워
자꾸만 불러보는 나의 친구

3부
바다로 간 그대들이여

부서지는
파도 사이로
언뜻 스치는
영혼들의 숨결 소리

인연이 아니라서

우연히 만난 사람 싫어서
좋은 척을 못한다

자꾸만 나타나
나를 힘들게 한다

옷깃만 스쳐도 인연이라지만
아무리 마음을 주려고 해도
줄 수 없는 내 마음 어쩌지 못한다

몇 번이고 노력해보았지만
끄떡도 않는 마음을 어쩌란 말이냐
우리의 인연 필연이 아니라서일까

침묵 안에서

세상사 끊어버리고
심연의 나락으로 떨어지고 싶다

내 삶의 바람 속에서
다잡아 보려고 모두 비운다

지나온 발자국마다
상처도 후회도 많아

내 안의 메울 수 없는 빈자리
오로지 한 곳만 바라보며

한 가닥 빛 속으로 들어가
고요히 두 손을 모아 본다

새벽은 밝으리니

태양은 다시 떠올라
아무 일도 없었던 것처럼
여전히 생명을 키우고 있지만
코로나 바이러스는 펜데믹 시대를 열었다

계절이 바뀌어
또 한 해가 물러나고 다가와도
코로나에서 벗어날 수 없는 우리의 삶
계절이 한 바퀴 돌아도 여전하다

돌고 돌아가는 길
휘청이며 달려온 날들
허방다리 짚은 세월 돌아보지 말자
겸손하게 새날을 기다려 본다

바다로 간 그대들이여
－천안함 추모시

바다 저 너머에
푸른 꿈 던져두고
바람처럼 사라진 영혼들이여
참담한 그날의 심정
잊지 못하리라

세월이 흘러도 너의 모습 어디에나 보이고
다정한 웃음소리 어디서나 들리네

보이는 건 모두 너의 흔적뿐
심연의 바닷속
영혼의 숨결
오늘도 애타게 나를 부르네

평화로운 바다는 말이 없는데
시리디시린 마음 오는 봄도 모르고
흔적 없이 사라진 너의 넋을 그려보네

속절없이 떠도는 갈매기 울음소리
고통에 젖은 너의 목소리인 양

허공 위에서 맴돌다 서성이는데
잘려 나간 선체처럼
찢어진 그물 되어
아무것도 채울 수 없는
빈 가슴 부여안은 채
내 안에 시간을 묻어두고
하늘의 뜻 받아들이기까지
파도 속에 씻겨간 서러운 세월

다가갈 수도 만날 수도 없는
차가운 저 물결 속으로
사라져 간 너의 희생은
내 안에서 늘 함께 하는 빛이 되었네

네가 없는 헛헛한 세상
얼어붙은 한겨울이지만
조국을 지켜주는 등대가 되어
봄의 노래 불러주는 영원한 사랑

정월 대보름날

아직은 시리디시린
어둡고 삭막한 빌딩 위
둥근 달은 차올라 환하게 웃는다

촘촘한 경계를 넘나드는
삶의 여정 가로지르며
두 손을 모으고 소망을 빌어 본다

옛날의 그 달님 그대로인데
너무도 변해버린 나의 인생아
누군가 그리울 때 바라보던 달
마음이 울적할 때 바라보던 달

지치고 힘든 사람들에게
소망을 들어주고
가난한 영혼들을 위로해 주던 달님

통일을 기다리며

강물도 하나가 되어
어우러져 흘러가는데
다리가 있어도 건너지 못하는 곳

이념의 노예로 녹슨 기찻길
철조망에 매달려
날이 갈수록 세월의 덧칠만 한다

믿음의 벽은 허물어져 가고
이산가족은 돌부처가 되어간다
멀고 먼 산이 되어간다

서귀포를 사랑한 이중섭

아늑한 언덕 위의 초가집
돌담이 둘러진 마당 안에
아직 추운데도 상추가 자라고 있다

고구마로 허기를 채우며
담배 포장 은박지조차 작품이 되게 한
예술가의 삶이 보이는 단칸방
짧았지만 행복했던 안식처였을 것이다

평화롭고 아름다운 서귀포의 자연 속에
불꽃같은 혼신으로 승화된 작품들
붉은 노을처럼 살다간 열정의 넋
환상의 무인도 섶섬에서
예술인의 혼을 만나 즐겁다

삶은 외롭고 서글프고 그립지만
아름답다고 노래한 예술가의 혼
지금도 바다 위에 윤슬로 빛나고 있다

채송화

낮은 자세로 엎드려
함초롬히 피어나
알록달록 생각의 군락들이 모인 꽃

매끈한 줄기
연두 잎 빼곡히 자리 잡아
날마다 새롭게 피고 지고
뜨락에서 한껏 축제 중이네

그리 화려하지 않고
세련되지는 않아도
낮은 자세로 고요히
대지의 소리 듣고 있는
수수한 너의 모습이 정겹구나

찻잔을 기울이며

여리디여린 세작細雀으로
정성껏 우려낸 그윽한 향기
정성껏 두 손 모아 찻잔을 든다

모락모락 김이 올라
코끝에서 파르라니 스며오는 연둣빛
마음은 이미 고요한 호수

벽난로 곁에서
봄 여름 가을 겨울
삶이 무료하지 않다

인생이란

때로는 해처럼 달처럼
바람처럼 구름처럼 살면서

꿈도 욕망도 헛된 한 때라
인생은 일장춘몽

꽃피던 봄날도 삭풍이 불어오듯
이제 우리도 황혼으로 접어들어

한세월 돌아보니 모두가
헛되고 헛되다는 것을

평탄치 않았던 지난 세월
누구를 탓하고 원망하리요
모든 것이 어리석은 내 탓인 것을

그저 왔다가 그냥 스쳐 가는
인생인데 무엇을 탐하리까

세상일들에 무슨 미련을 둘까마는
세속에 집착 말고
다 버리고 놓으면 되는 것을

아까워하지도 말고
기꺼이 내어주고
베풀고 사는 인생이
진정한 즐거움이 아닐까

그대는 무엇을 붙들고 고달픈가
발가벗은 몸으로 세상에 나와
세상 구경 잘했으니 그걸로 감사하지

무슨 염치로 세상의 모든 것
다 가지려 욕심부리나
빈손으로 왔다가 빈손으로 가는데
무엇을 탐내고 아쉬워서 애달파할까

모든 짐 내려놓고
걱정 근심 털어버리고
세상에 몸을 담고 있는 동안
좋은 일 하며 평화롭게 살아보세

외로움 속에서

가끔씩 찾아오는
공허함의 긴 시간
허무히 보낸 시간들을 후회하네

잊을만하면
떠오르는 추억들
애달픈 사랑의 혼불인가

내일의 불행을 모를 때는
모든 일상들이 행복인 것을
깨달음 주는 연민 속에서

처절한 고독으로 부활한
너를 못 잊어 괴롭지만
때로는 그리워할 대상이 있어
위로함 받을 때 고맙구나

나의 백서

누구를 만나든 미소지으며
많이 웃을 수 있는
아름다운 세상을 만들어 가리라

사랑하고 사랑 받으며
서로를 배려하며
섬김의 자세로 살리라

다른 사람에게서
항상 배우려고 노력하고
자신을 행복하게 하며
나로 인해 다른 이도 행복하게 하리라

봉사하고 기도하며
감사하는 삶을
우선으로 하리라

세상을 조금이라도 살기 좋은 사회로 만들기 위해
앞장서 가다 보면
그 마음이 오해받아 주저앉기도 하지만

사랑과 질서에 힘쓰면 이 나라 이 땅엔 평화
미움도 시기도 없는
영원한 안식처와 친구가 되리라

남과 북

이념의 노예로
바람만 떠도는 세월들
휴전선마다 들꽃만 무성하구나

강물은 하나로 노래하며 흐르는데
우리는 언제쯤 하나 되어
남북통일의 기쁨을 노래할까

우리는 대한민국의 한 핏줄
오늘도 통일의 그날을 기다리며
하늘을 우러러 소망한다

이 생에 다하도록

모두들 잠든 밤
홀로 우는 바람 소리
창문을 뒤흔들어 잠 못 들게 한다

영원할 줄 알았는데
당신이 떠난 빈 자리마다
슬픈 소리 내며
나와 함께 울어준다

허전함으로
가슴 쓸어내리는
빈 둥지에 홀로 남아
황혼의 내 모습이 애달프다

세상과 나를 남겨두고
떠나신 아버지 어머니
천애 고아가 된 듯 외롭다

행복

지금만큼만 행복해라
이리 좋은 날이 또 있을까

내일은 희망이 있어 좋다지만
지금 이 순간이 더 좋아라

한번 가면 못 오는 시간
가버리면 그만인데

이 시간을 즐기자
이 순간을 소중히 여기자

4부
새벽을 깨우리라

모두의 사랑 속에
오늘은 다른 몸짓으로
시간마다 뻐꾹뻐꾹
돌아오지 못할 시간의
영원함을 알려준다

생각

수많은 삶들이 빚어낸
하루의 조각들은
생각과 생각의 시간들
내가 원하는 삶은 아니었다

꽃은 바람의 힘과
햇살로 피워내는
자연의 섭리를 지켜보며
사람들은 모순 속에서도 잘 산다

나쁜 생각 좋은 생각
얼마든지 바꿀 수 있지만
나는 내게 능력을 주신
그분의 말씀 속에서
날마다 새로운 내 모습을 발견한다

살아온 습관과 인생
기억은 상상력과 욕구를 만들고
상상력과 욕구는 각자의 삶인 것을

날마다 처절히 실감하며
오늘도 오롯이 살아갈 수 있는
그 무엇을 위해 기도하며
밝고 맑은 하늘을 올려다본다

아이의 미소

해맑은 아이의 웃음은 거짓 없어
혼탁한 세상을 희망으로 만든다

순수하고 부드러운 가식 없는 미소
힘겨운 삶과 시름을 잊게 하고

까르르 까르르 자지러지는 웃음
소망으로 빛나는 보석이어라

밝고 고운 아이로 성장할 수 있도록
부끄럽지 않은 어른이 되어야지

명절을 앞두고

엄마 없는 한가위
처음으로 맞으며
평소 좋아하시던 잡채와
동태전 버섯전 음식을 장만하고
송편을 빚으면서도
엄마 생각에 눈물이 난다

휘영청 밝은 보름달 속에
엄마가 계시는 것만 같아
하늘나라 그곳에서
아빠와 함께 행복하시라고
소망의 기도를 간절히 올리며
시리고 아픈 내 마음 달래 본다

엄마 아빠 없는 명절
그 빈자리마다
음식을 올려놓으며
위로함 받으려 한다

새벽을 깨우리라

아스라이
미리내 사라져 가고
고요한 정적 속에
차가운 바람만이 떠돈다

어슴푸레 흰 달은
갈 길을 잃은 듯
홀로 허공을 거닐고
밤새워 써 내려간 장문의 편지
전할 길 없는
애달픈 사연만 길다

하얗게 지새운
까만 밤이여
공허한 시간 속에서
새날을 맞이한다

그리하여도

아프고 슬퍼도 괜찮은 척
아무 고민 없는 듯 애쓰며 살아왔다

이제 더 이상 그리 살지 말자고
다짐하는 순간이 아프다

다 말하고 살자 아프면 아프다고
힘들면 힘들다고 생각대로 표현하며
내 마음 진실 그대로 드러내자

지금까지 그랬다
아프고 싫은 마음을 숨기고
참으며 살아야 미덕인 줄 알았는데
다 그렇게 사는 줄만 알았는데
그러하지 않은 것을 이제야 알았다

무거운 마음 떨쳐버리고
한 폭의 산수화 같은 삶을 위해
자연과 소통하며 세월의 흔적
고스란히 남기며 살아야겠다

운치 있는 마을에서
바람처럼 구름처럼 자유롭게
다친 마음 아물도록 나를 안아주면서

나의 마지막 생의 무대를
원 없이 화폭에 담으며
아름답고 우아하게
시를 노래하며 살아보리라

좋은 만남

좋은 인연은
아름다운 세상을 가꾼다
취미와 성향이 비슷하고,
가치관과 수준이 정서가 맞으면
더욱 아름다운 친구 사이가 되겠지

믿음이 같고 식성이 비슷하고
자주 만날 수 있으면 더욱 좋은 친구
공통점이 같지 않은 친구는
나와 다른 장점을 배울 수 있어 좋겠지
세상엔 좋은 친구가 있는가 하면
야누스의 가면을 쓴 사람도 있다
그런 사람들은 이용 가치가 없어지면
돌변하여 비로소 가면을 벗는 나쁜 친구는
좋은 친구를 나쁜 사람으로
만드는 기술이 뛰어나다
거짓과 위선을 도구로 살아남으려고
발버둥치는 모습이 불쌍하기까지 하다
좋은 친구 사이를 갈라놓으려
갖은 거짓말과 위선으로 포장하고 살지만

얼마 후면 들통이 나고 말겠지
선한 사람들은 상처받기 전에는
그 속을 짐작할 수조차 없다
이런 사람들이 존재하여
믿어야 할 좋은 친구마저
의심의 눈으로 보는
슬픈 현실이 아프고 슬프다
이런 사람의 몫은 신의 영역
상처받고 아파하며 되풀이될 수 없다
좋은 친구들과 어울리기도 모자란
남은 생애 아름다운 세상이 있지 않은가

요즘 세상

커피는 종이컵 커피
음식은 빠른 즉석 음식
디지털 세상에 익숙해져 있다

아무 생각 없이 눌러대며
이겨야 하는 게임과
일회용 데이트 상대
꼬이고 꼬인 출생의 비밀
인기 막장 드라마
보이기 위한 겉치레로
무너지는 살림 밑천
세상은 이래도 돌고 돈다

어릴 적부터 들어온 말은
네가 제일이야
이 한마디에
남의 사정 배려는
뒷전이고
자기 욕심만 채우고 살아가는
이래도 돌아가는 한세상 서글프다

해후

이다지도 먼 길을 돌아와
만나야 할 운명이라면
수많은 윤슬 마음으로 뿌리며
시린 가슴 데워 줄 불씨가 그립다

남은 생애를 위하여
스쳐 지나갈 사람이 아닌
운명의 만남은 또 얼마나
시련의 강을 건너야 이뤄질까

새벽에 일어나
가지런히 기도하는 날
하늘에 쌓여만 간다

모래알처럼 많은 사람들 중
그와 나는 언제쯤 만나려나
빛 부신 그날을 기다리리라

지하철에서

꽃을 든 남자
짐을 든 여자
가방을 어깨에 멘 학생
악기를 등에 멘 청년
모자 쓴 할아버지
보따리 든 할머니
모두 스마트 폰을 보고 있다

통화하는 할아버지
음악 듣는 아가씨
게임 하는 아저씨
영화 보는 대학생
TV 보는 아줌마
두 손가락 현란하게 문자하는 학생
모두 보고 있는 것은 스마트 폰
정신줄을 놓았다가
승강장 문이 열리면
후다닥 서둘러 일어서지만
지나쳐버리는 정거장
망연자실하는 승객을 본다

우리가 살아가는 일들이
어제도 오늘도 그러한 것
어디에서 어디로 가는지 모르고
분주하게 일상을 보내고 있다

아름다워라

구름도 바람 따라 흐르고
바람도 강물 따라 흐르는구나

생각도 마음도 흐르고
세월도 따라 흐르는데

아쉬운 것들 새로움으로 채워
소중한 것들 아쉬워 말고

미련 남기지 말고
뒤돌아보지 말고 앞만 보리라

힘든 일도 슬픈 일도 아픈 일도
흘러가니 얼마나 감사한지

어차피 지난 것은 잊히고
언제 그랬느냐고 멀어져가니

다가오는 새날을 그리워하며
기다림을 지루하게 여기지 말자

창덕궁에서

자연과 조화를 이룬
숲들과 연못이 아름답다
소박한 낙선재엔
고난과 역경 속에 지켜온
여인들의 지조와 절개가
한이 서린 세월을 껴안고
은은한 매화 향기로 피어난다

소요암에 새겨진 숙종임금의
시를 읊으며
오늘의 역사를 생각해 본다
임금은 옥류천 굽은 물길에
술잔을 띄우고
신하들과 함께 시를 읊었으니
우리도 풍류를 즐기며
시 한 수 지어보세나

주합루 높은 곳에서 내려다보니
부용지에서 뱃놀이 즐거울 제
우거진 숲에서 합창하던 꾀꼬리
희우정을 드나들며 연꽃들과 화답한다

과거급제한 선비에게
어사화를 내리시던 영화당의 시간들
청심정의 은은한 달빛 아래
청사초롱 불 밝히고
숨은 옛이야기 들어볼까나

역사의 뒤안길에서 서성이다 흔들리다
내일의 소망을 꿈꾸며
유유한 세월에도 변함없는 그 모습
연경당에서 차 한 잔의 여유와
전통 공연을 즐기면서 그날을 되새겨본다

그리고 경주에서

신라의 얼이 깃든 경주의 여름은
천년을 이어온 역사로 늘 푸르다
바다 안개 토해내는 토함산에서
석굴암 본존불 함께 장엄한 일출을 보며
죽어서도 나라를 지키려는 문무 대왕암
불교의 나라를 꿈꾸었던 불국사에서
이상 세계로 갈 수 있다고 믿은
옛 선인들의 생각을 엿본다
억겁의 세월에 피어난 자연의 섭리로
파도 소리 상쾌한 주상절리 바닷가
기와집 초가집 정겹게 모여 사는 양동 민속마을
모든 진품 유물이 모여 있는 경주 박물관에서
위대한 역사 속으로 들어가 본다
천년 역사의 시작점과 끝점이 되는 경주 남산
신라의 모든 희로애락을 말해 준다
살아있는 신라의 숨결을 돌아보며
선조들의 따뜻한 가르침을 되새기니
찬란한 역사의 고장
자손만대에 이어지리라

흩어진 약속

수많은 시간 속에
머물렀던 그 자리
너의 빛 희미한 믿음으로
부서져 가는 마음 다독인다

상처는 깊어져
내일의 꿈 사라지고
바람 속의 꽃잎으로
흩뿌려지고 있구나

슬픈 사랑이여
한 사람에게
마음을 여는 것이
이토록 어려운 걸까

12월의 노래

산허리에 찬바람 다가와
하얀 꽃 무리 입혀주더니
일월부터 달려온 세월은
산 그림자 속에 묻혀
파르라니 달빛 아래
그리움 불러 모아
곱게 쌓인 눈 위를 걷는다
발자국은 끝없이 이어지고
시리고 허허로운 마음은
이루지 못한 사랑의 노래는
새해를 맞아 다시 부르는
노래가 되리라

미로의 삶

깊고 어두운 미로에 갇혀
가도 가도 출구가 보이지 않는다

빛의 뜨락을 찾아 헤매며
사방을 둘러봐도
막다른 길뿐

상처로 다친 마음
끌어안고
질식할 것만 같은
숨 막히는 고통을 참는다

아무것도 모르던 순수의 시절로
되돌아갈 수도 없어
차라리 숨이 멎어야
잊힐 것인가

모두의 기억에서 조금씩
썰물 되어 밀려나가도
환희의 그날들

밀물로 돌아온다면
잊힌 만큼 세월이 아름다우리라

5부
여백의 하루

너를 꽃이라 부르는
사람은 많아도
너와 속삭이는
사람은 흔치 않다

인생의 반나절

돌아보니 길고도 짧았던 길
꽃길만 바랬던 건 아니었지만

허무한 날들
외로워하지 말고
바람 속을 걸어도 흔들리지 않으려
애써 걸어온 길

누구의 탓도 아닌
어리석은 내 탓일진대
무엇이 그리 서운할까
잡고 있는 두 손이 무거워도
왜 그리 놓지 못했나

아쉬움도 미련도 다 내려놓고
홀가분한 마음으로 웃으며 살아보련다

아버지의 그날

생전에 하시던 말씀
돌아가신 후에야 알았네

애국으로 다져진 당신의 충성심
포탄이 빗겨 간 흔적을 보여주셨지

구사일생 살아남은 이야기들
눈에 보이는 듯한 전투 현장
전율하며 듣던 그 시절 그리워라

포화 속에 사라져 간 전우를 그리며
일생 동안 망연자실 앉아 계시던
아버지의 모습이 애처롭네

넋이 되어
피로서 지킨 이 나라
우리가 지켜야 된다며
누누이 말씀하셨다네

지금은 현충원에서
먼저 간 전우들과 만나
그날의 이야기 나누며
통일만을 염원하고 계시겠지

설날의 추억

설 명절을 앞두고
코로나 거리두기로
왕래가 편하지 않지만
어린 시절을 떠올리며
조용히 설 준비를 한다

어머니는 방앗간에서 줄을 서서
가래떡을 뽑아 오시고
설 전날이면 외지에 나갔던
가족들이 돌아와 못다 한
얘기들로 꽃을 피운다

마음도 들뜨고
마냥 좋기만 하던 설날
색동옷 설빔 곱게 차려입고
차례를 지낸 후
한 상에 둘러앉아 한 살 더한다는
기쁨으로 맛나게 먹었던 떡국
매년 사랑의 훈계도 빠지지 않았다

동네 집집마다 세배를 다니고
사물놀이 구경하며 윷놀이로
시간 가는 줄 몰랐던 그 시절
모두 보고 싶은 사람들이다

이제는 손녀가 있는 할머니가 되어
세배하는 가족들에게
격려와 축원의 글을 담아
새 지폐와 함께 봉투에 담아
따사로운 사랑을 전해 본다

고궁에서

꽃비 흩날리는 고궁의 뜨락
행복한 모습의 연인들
이름 모를 새들의 노랫소리
향기로운 꽃들도 함께 반기네

사랑을 축복해주는
싱그런 바람
해맑은 그대 미소

따사로운 두 손을 잡고
그대 향한 설렘 노래하며
사랑의 말 속삭이고 싶어라

온 정성 다하여 섬기리라
이 마음 다하여 사랑하리라

비 내리는 날

무엇이 그리 아픈지

창문을 두들기다가

구슬프게 우는 소리 내다가

마치 부탁이라도 하는 듯

내 마음을 두드리다가

모든 것 체념한 듯

애잔한 슬픔을 토해내듯

창문 타고 흘러내리는 빗물

생의 이면

살아봐야 아는 삶의 진리들
우리가 지켜야 할 소중한 것들

생각들이 빚어낸 조각들은
생각일 뿐 정녕 내 것이 아니었어

생각이 삶인 양 착각 말자
살아온 습관과 인생이 그러하여

기억은 상상력과 욕구를 만들고
상상력과 욕구는 당신과 나의 삶

이어졌다 끊어지고
끊어졌다 이어지는 진리

여백의 하루

다정한 사랑의 눈빛은
나의 상처 치유되고

그대의 사랑은
세상에서 가장 큰 선물

언제나 지켜봐 주는 그대는
나날이 새로운 감사로 이어져

빈 마음 꽉 채워주어
일상이 풍요롭기만 해

나의 행복한 나날들은
내 삶을 빛나게 하는 당신이야

이별의 아픔

잊힌다면
슬픔도 눈물도 마를까

잡으려 하면 멀어지는 사랑아
결코 잊을 수 없는 것이 기억이네

인생은 호락호락하지 않아
만남과 이별이 쉽지 않아

사랑은 영원할 수 없고
바람처럼 왔다가 사라지는 것

이 생명 끝나는 날까지
그리워하는 사람이라지만

수많은 시간이 지나다 보면
생각의 끝이 있기도 하겠지

추락의 순간

지켜왔던 모든 가치관들이
다 무너져버려
이제 어디로 무엇을 향해
가야 하나

어디서도 힘을 얻지 못해
생각의 바다로 침몰한다

아무것도 보이지 않고
아무 생각도 할 수 없는 오늘
갇혀서 날지 못하는 새 한 마리
한겨울 능선을 지키는
저 나목들도
나와 같은 울음 우는가

또 다른 이별

그해 겨울은 허무했다

함께했던 세월 뒤로하고

이제 버려야만 했다

애틋한 묵은 살림들과 헤어짐

떠나보내고 나니

상쾌하고 후련하다

설련화[1] 雪蓮花

얼음 속에서
피어나는 꽃
노오란 소망과
사랑하는 마음이
추위를 잊게 한다

영원한 행복을 약속하며
부푼 마음으로 피어났지
가슴 저리게 다가오는 외로움도
언젠가는 불어올 봄바람이
다정한 님 소식 전해주리라
행복한 꿈꾸며 웃고 있지요

---

[1] 설련화, 복수초의 다른 이름, 원일초, 얼음새꽃이라고도 한다

혼자가 아닌 나

벚꽃잎 흩날리는 가로수마다
바람결에 실려 오는 너의 향기
아련한 추억마다 눈물이 되네

흐르는 세월에 잊힌 줄 알았는데
4월의 꽃으로 피어나는 그리움
상념으로 깊어만 가네

흩날리는 꽃비를 맞으며
혼자가 아닌 둘이 되어
끝없는 꽃길을 혼자 걷는다

6부

안녕을 물으며

어버이날
선물할 수 있는
부모님이 계시지 않아
빨간 카네이션
뜨락에 심는다

너는 누구니

보고도 못 본 척
알면서도 모르는 척
힘들어도 안 그런 척
슬퍼도 아파도 웃고 있는
너는 바보가 아니야

싸움을 멀리하고
평화를 위해
입 닫아버린 날부터
가슴에서 돌덩이 키우는
너는 바보가 아니야

내 탓이 아닌데도
내 탓인 양 참고 또 참고
상처투성이로 곪아
피고름을 흘리고 있는
너는 바보가 아니야

주님께서 보시고 계시지요
당신을 닮기 위해

앞으로도 이렇게 견디며
바보처럼 살아야겠지요

그날의 고향

산천에 피어나는 꽃향기에
마음까지 설레어
온산 휘저으며
진달래 먹고 개구리 놀리던
그 시절을 떠올리며
고향의 숨결 느껴 본다

산과 들 모두가 어머니 아버지
등 뒤에서 들리던
음메 컹컹 고향의 소리
세월 흘러도 잊히지 않는
고향의 봄은 한 폭의 수채화

책갈피 속에 수놓았던 꽃잎 편지
너의 안부가 그리운 날
책갈피 속 꽃잎 꺼내어
손바닥에 놓고 불어 본다

목련의 계절

봄바람이 다녀가더니
가지마다 새싹이
망울망울 돋아나고

봉긋봉긋 어느새
우아하게 차려입은
순백의 드레스
꾸밈없는 모습 순결하구나

오래도록 간직할
고운 이야기들
소리 없이 쏟아내며
함박웃음으로 피어나는
고운 자태여

오월의 당신

세월이 흘러가도
잊히지 않는 잔상 하나
나날이 내 가슴에
오히려 더하는 아픔

시간이 지나면 멀어질 줄 알았는데
명화의 한 장면처럼
또렷이 남아있는 내 마음속 사진첩

잡을 수 없는 허상을 껴안고
무슨 미련과 연민일까

생각을 말자 다짐하여도
어느새 돋아나는 그리움
다시 예쁘게 채울 수 없을까

나의 안식처

나의 시 속으로 들어가
나의 그림 속으로 들어가
평안히 쉼을 되찾는다

다시 나오고 싶지 않은
피안 속에서
아무도 찾지 못하는
나만의 안식처

어느 누구도 접근할 수 없는
파라다이스 속에서
나만의 궁전을 지으리라

봄날의 선운사

맑은 하늘에 떠도는 구름
계곡에서 흘러내리는 물소리
내 마음도 절로 맑아져
새로운 곳을 향해 흘러간다

수많은 연록의 색들로 무성한 나무들
말없이 조화를 이루어
여유로운 숲길마다
해탈의 미소 짓는다

화사한 벚꽃 나무 아래
고창의 특산물 복분자를 맛보며
어디에서 포즈를 잡아도
멋진 배경이 되어주는 나무들
고즈넉한 선운사가 반겨준다

여름의 문턱에서
오랜 세월 기다려 준
울창한 동백나무의 절개에
절로 터져 나오는 감탄의 환호성

아직 지지 않은 벚꽃들과
이름 모를 꽃들의 합창
화려한 봄날의 축제에
나도 초대받아 즐긴다

봄날은 간다

연록의 새싹들이 움터서
앞다투어 피는 꽃들의 향연
나날이 새로운 꽃 그림 보여주더니

어느새 바람에 흩날리는 꽃잎들
꽃 눈보라 지천으로 떨어지더니

아~ 봄이런가 하는데
봄은 벌써 가는구나
이 마음에 오는 봄은 아직 더딘데
봄아, 너는 왜 그리도
서둘러 자취를 감추는 거니

너는 목련

살랑이는 봄바람
멈출 줄 모른다

있는 듯 없는 듯
메마른 가슴에 꽃을 피우는

여리디여린 꽃잎
눈물이 되는 꽃

비를 맞으니
소복을 한 여인처럼 애처로워

안녕을 물으며

마음을 비우고도
또 비울 것이 있습니다

당신과의 약속을 지키기 위해
조심스레 기도하며 살아갑니다

오늘도 무탈하게 살아왔음을
감사와 고마움으로

꿈에도 그리던 상봉의 그날까지
애절한 맘으로 두 손을 모읍니다

눈 가리고 귀 막고
그렇게 세월을 보냅니다

그대의 소식 바람에게 물으며
오늘도 하루해가 저물어갑니다

민들레

돌틈 사이로
애처로이 얼굴 내밀고
용케도 살아내는구나

별빛 닮은 이파리마다
노란 꽃잎을 받쳐 들고
하늘에 오를 길
희망하며 견디는구나

삶이 힘들어도
너처럼 소망이 있어
무거운 십자가도
잘 견디어 내는구나

뜨개질

한 올 한 올 정성들여
설렘과 기쁜 마음으로
사랑의 무늬 그려낸다

미소 짓는 꽃을 담았더니
입혀 줄 사람 가고 없어
덧없이 젊음이 사위어 간다

눈물 담아서 완성된 목도리
겨울이 와도 목에 걸어줄
사람 없어 눈물이 난다

남호 김도연 제2시집

지
지
않
는
꽃

초판인쇄　2022년 6월 20일
초판발행　2022년 6월 25일

지 은 이　김도연
펴 낸 곳　시지시
등　　록　제2002-8호 (2002. 2. 22)
주　　소　㈜ 10364
　　　　　경기도 고양시 일산동구 호수로 688. A-419호
전　　화　010-4045-4788
이 메 일　dyjng1@naver.com

ⓒ 김도연, 2022

값 13,000원

ISBN 978-89-91029-74-3 03810

* 이 책의 내용을 전부나 일부 재사용하려면
　저작권자와 시지시 양측과 협의하여 주시기 바랍니다.
* 저자와의 협의에 의하여 인지를 생략합니다.
* 파본은 구매 서점에서 교환하여 드립니다.